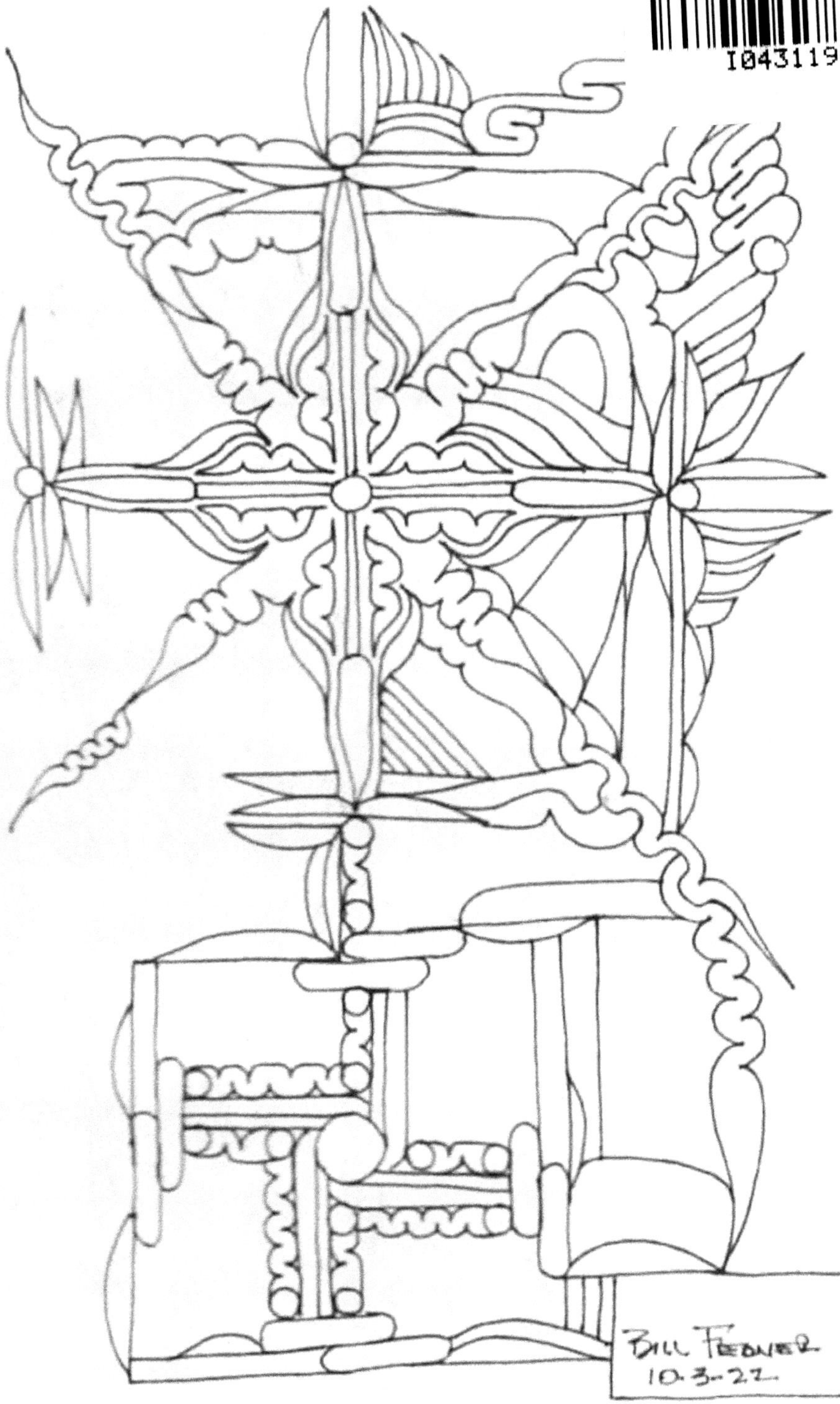
BILL FEDNER
10-3-22

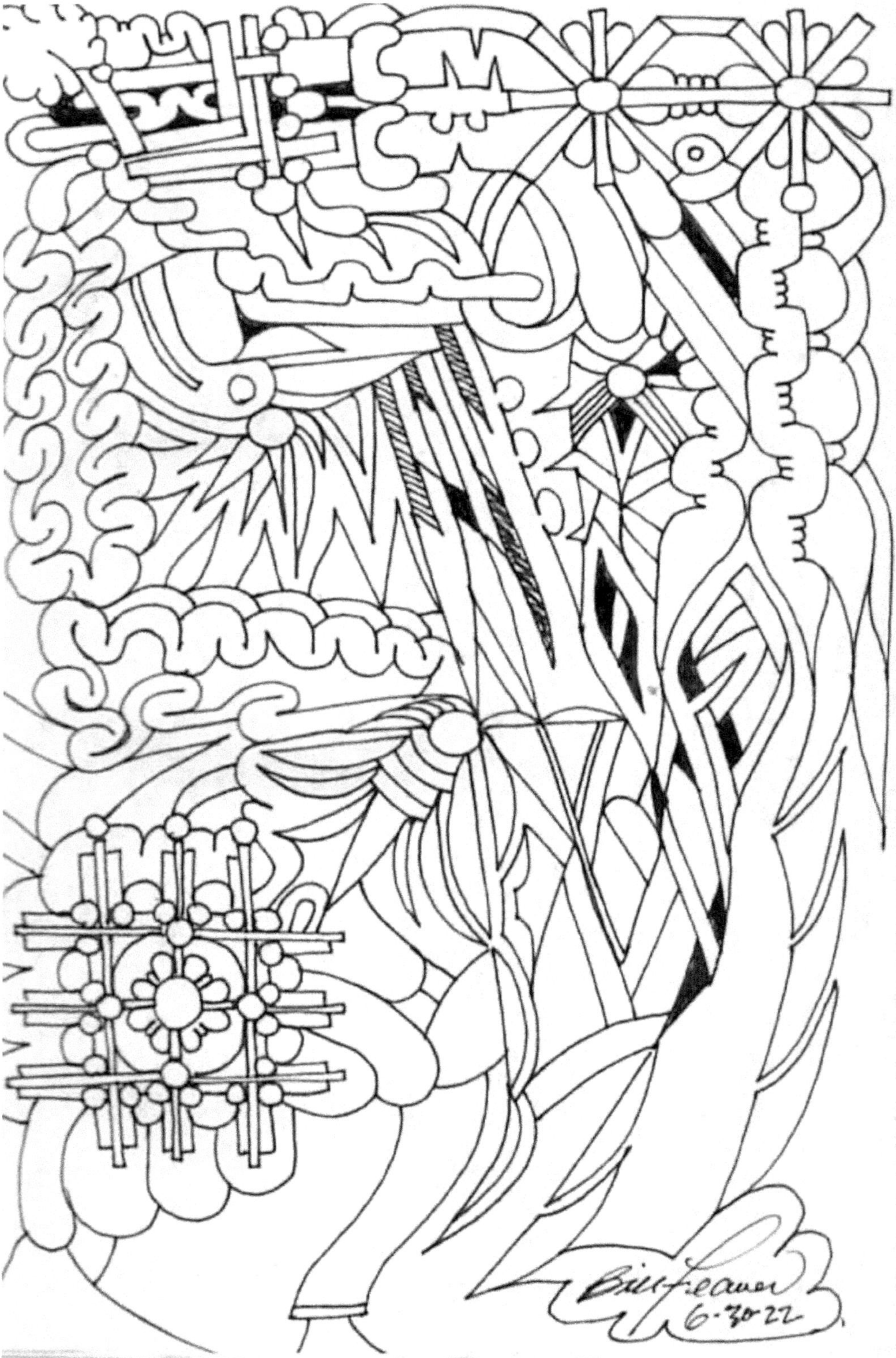
6-30-22

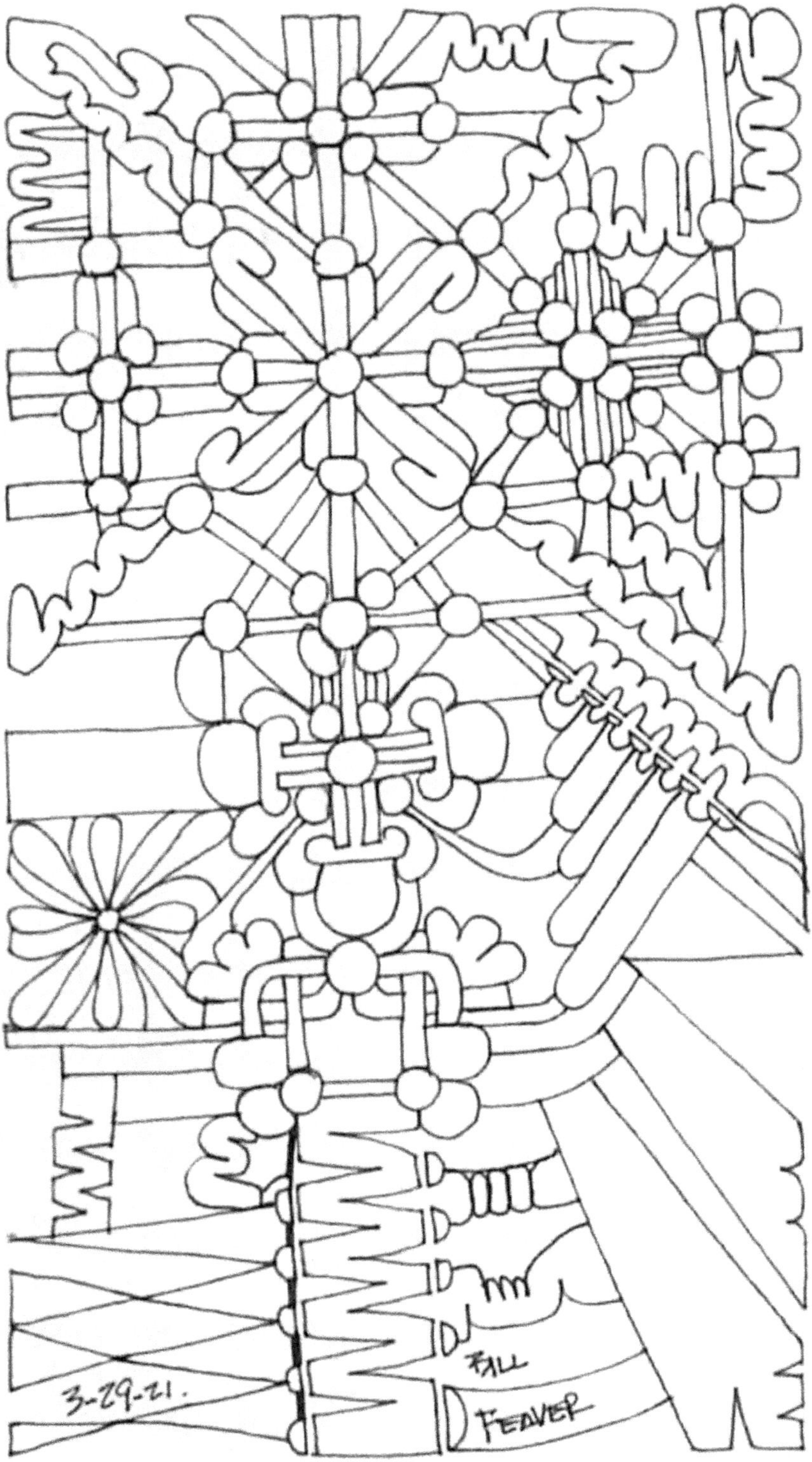
3-29-21.
FALL
FEAVER

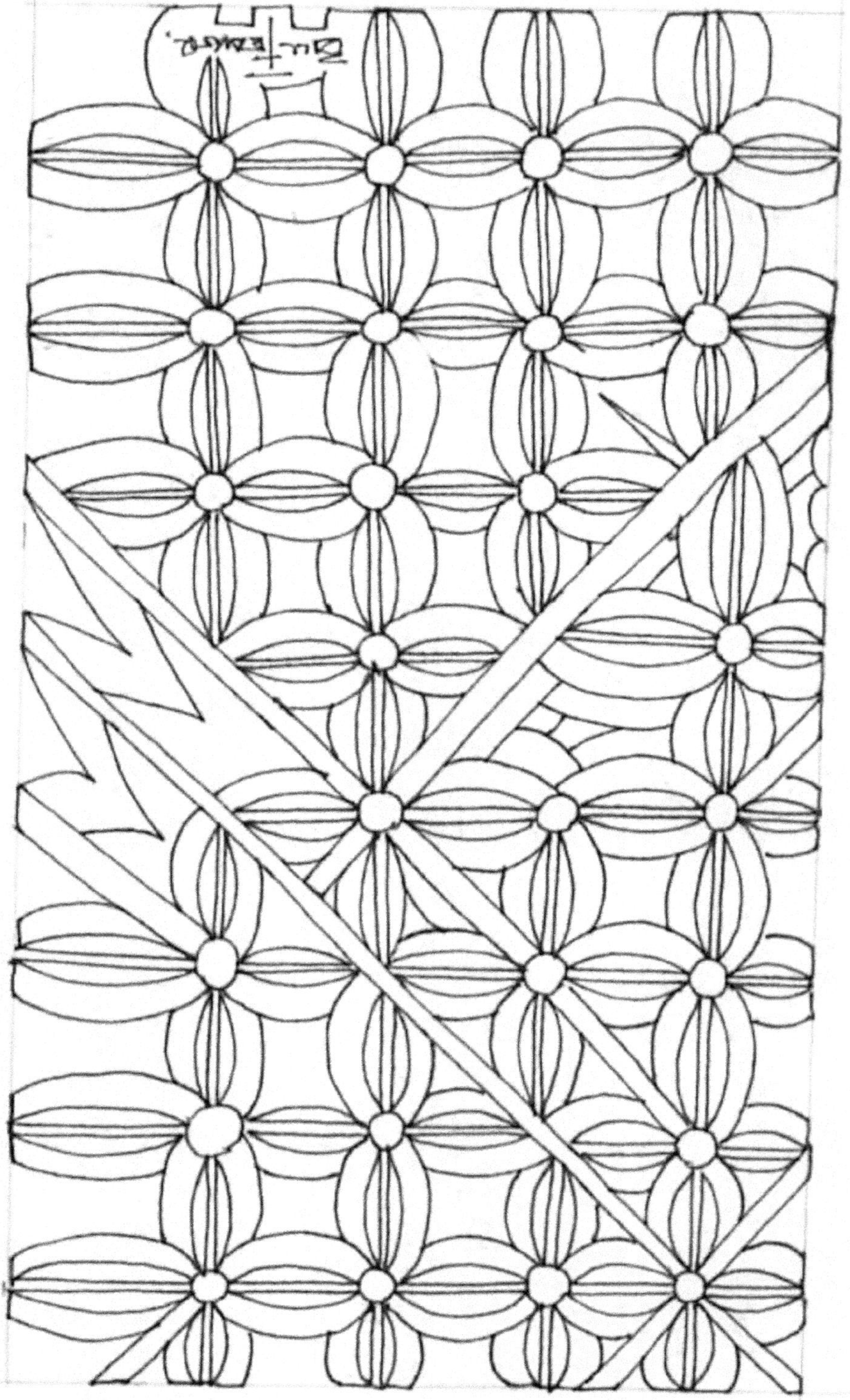

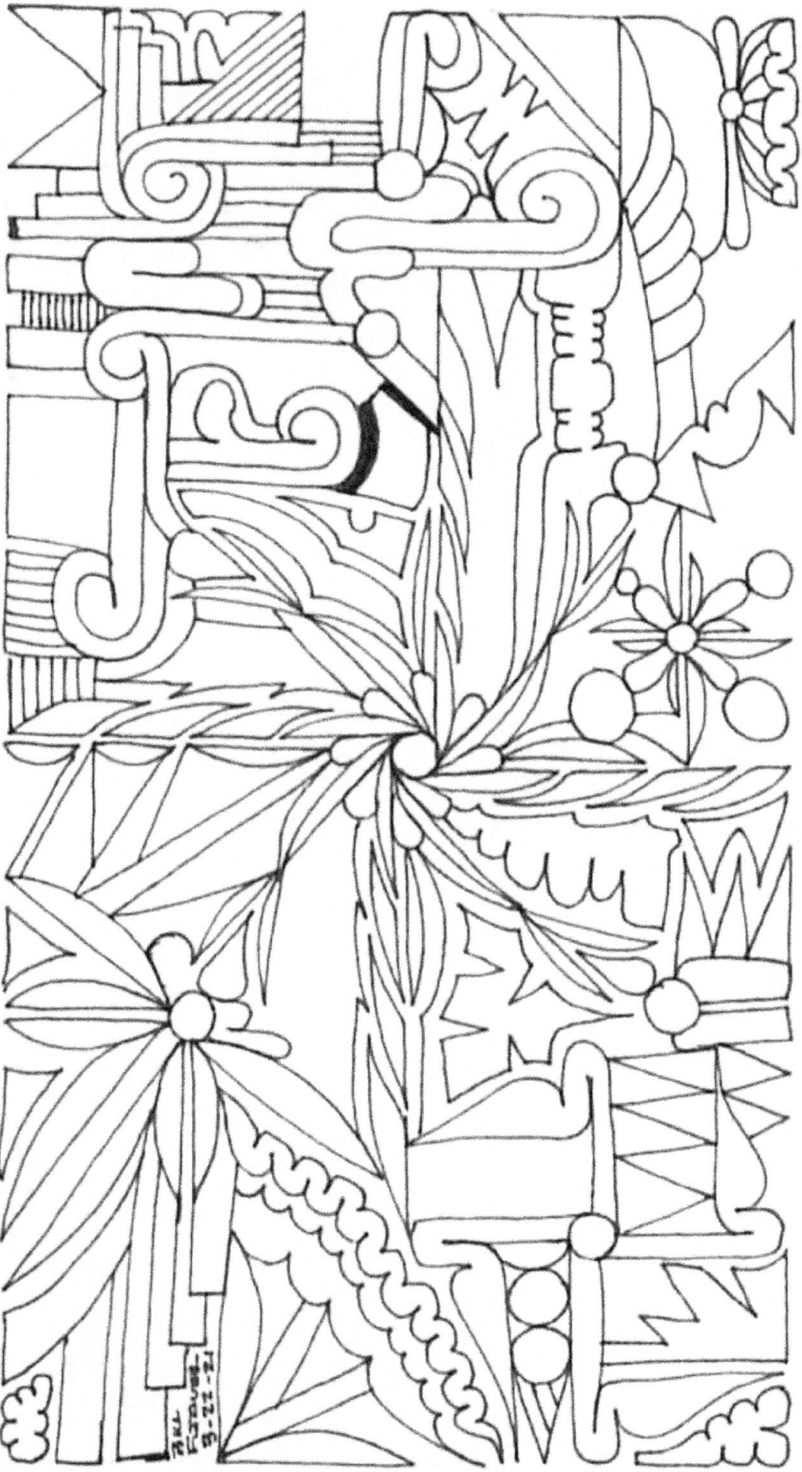

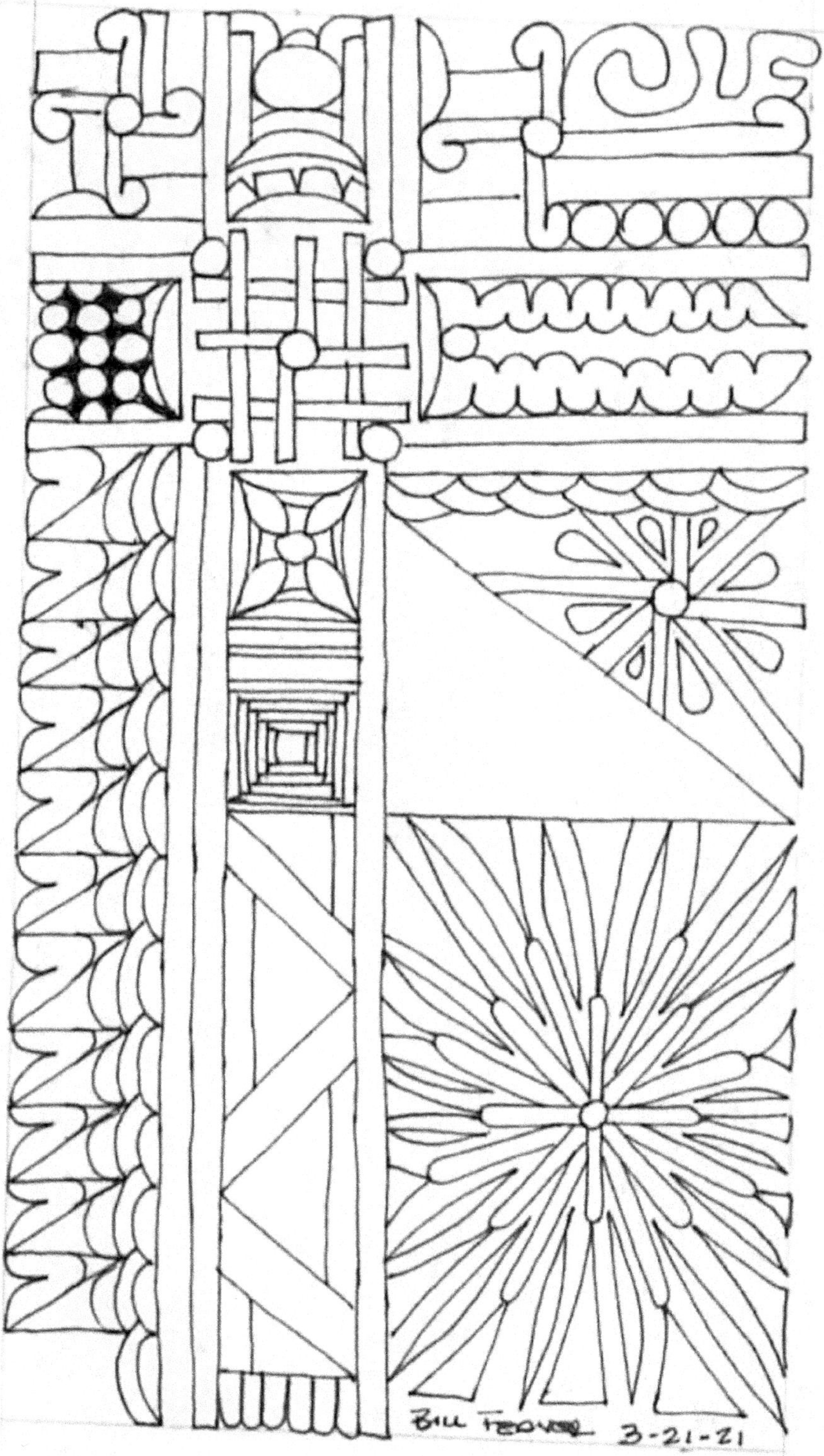
BILL
3-21-21

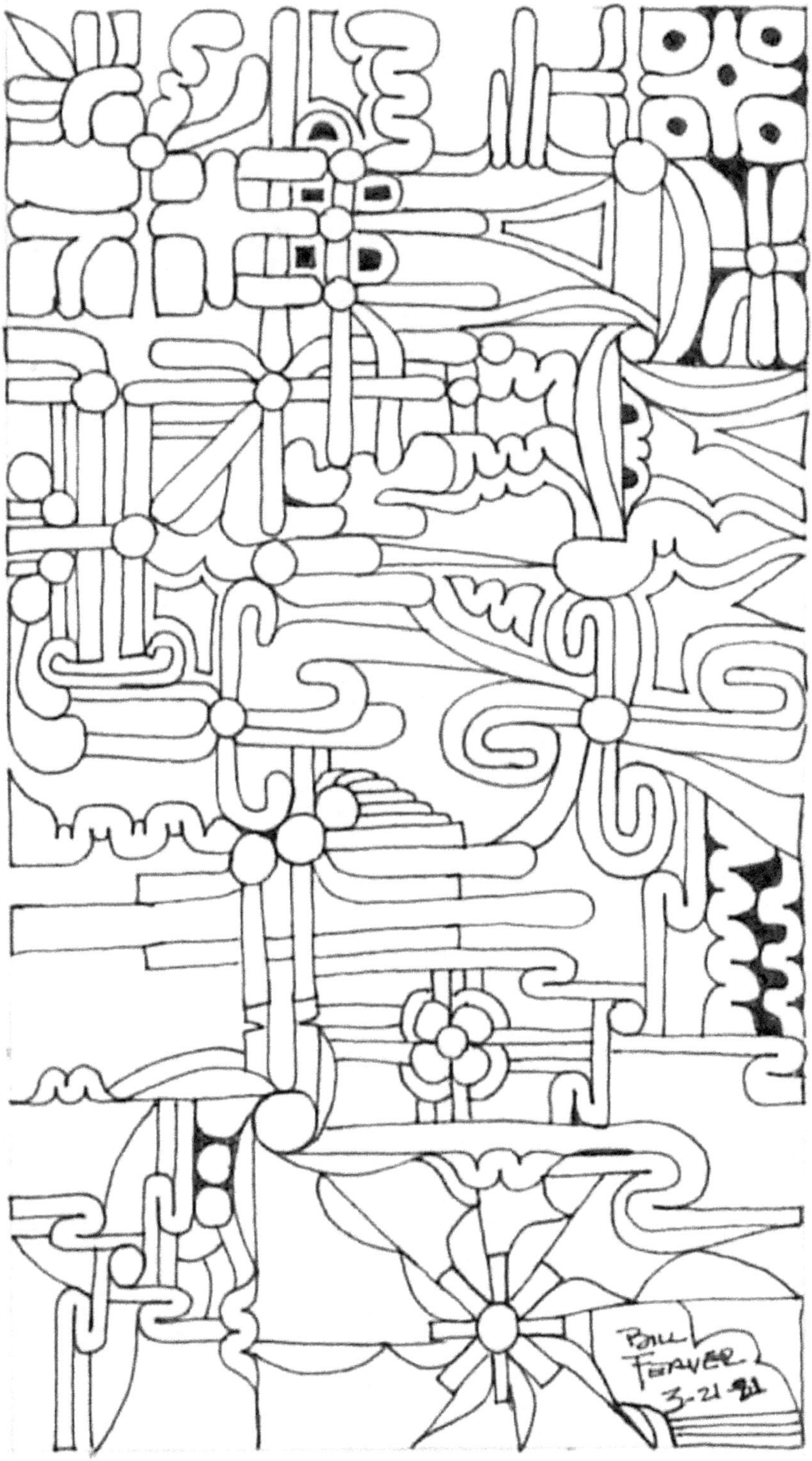
BILL
FEAVER
3-21-21

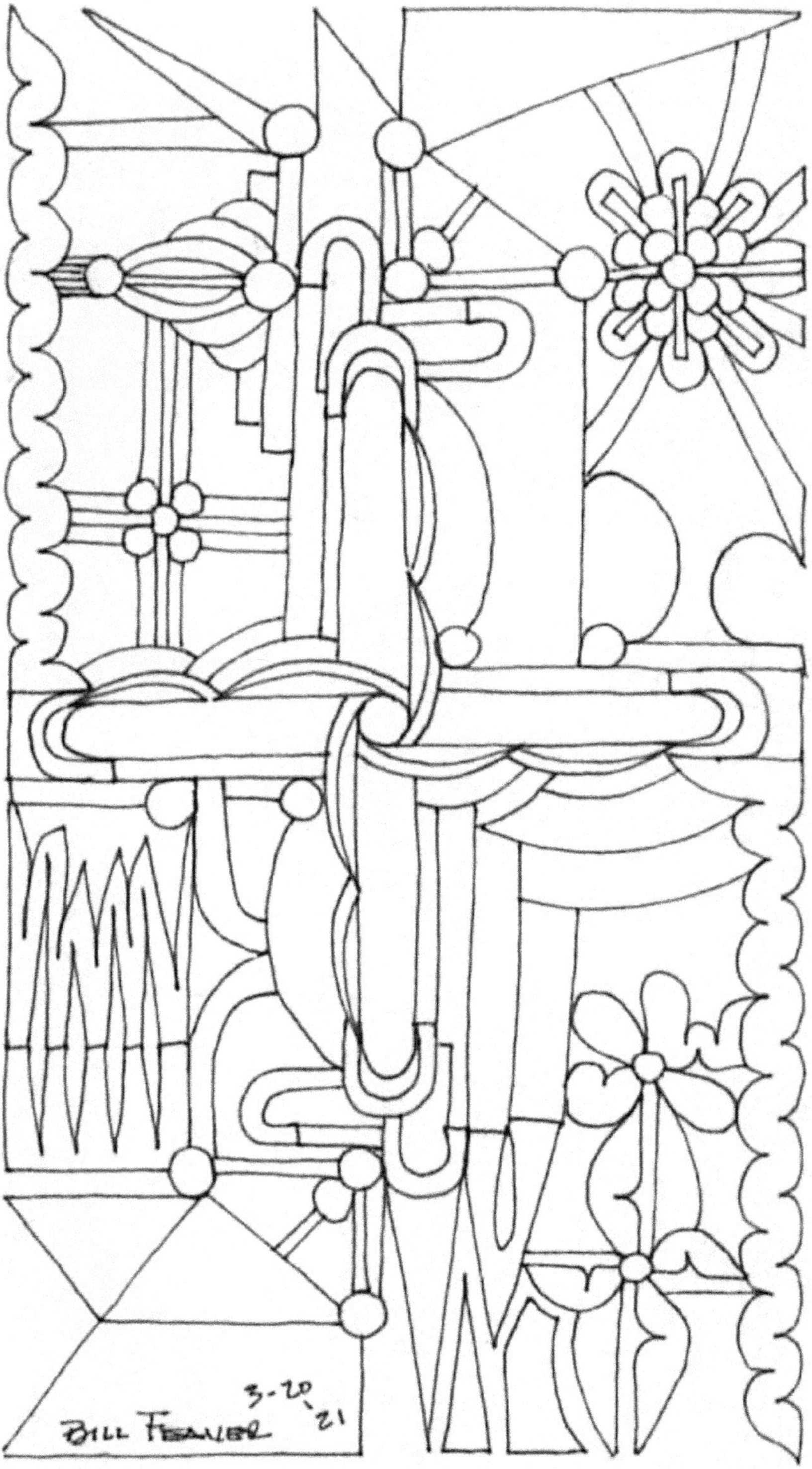
3-20-21

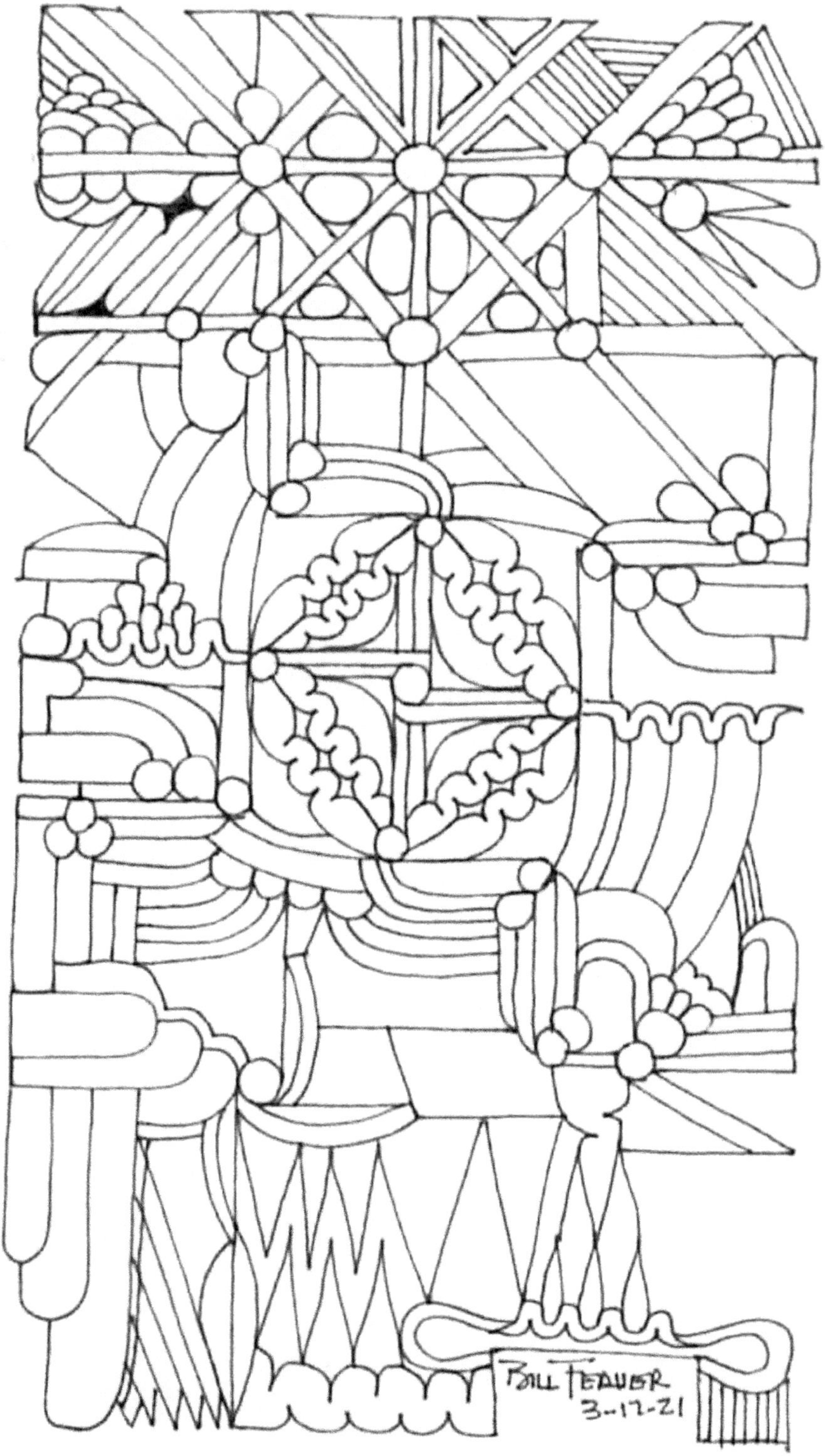
Bill Teauer
3-17-21

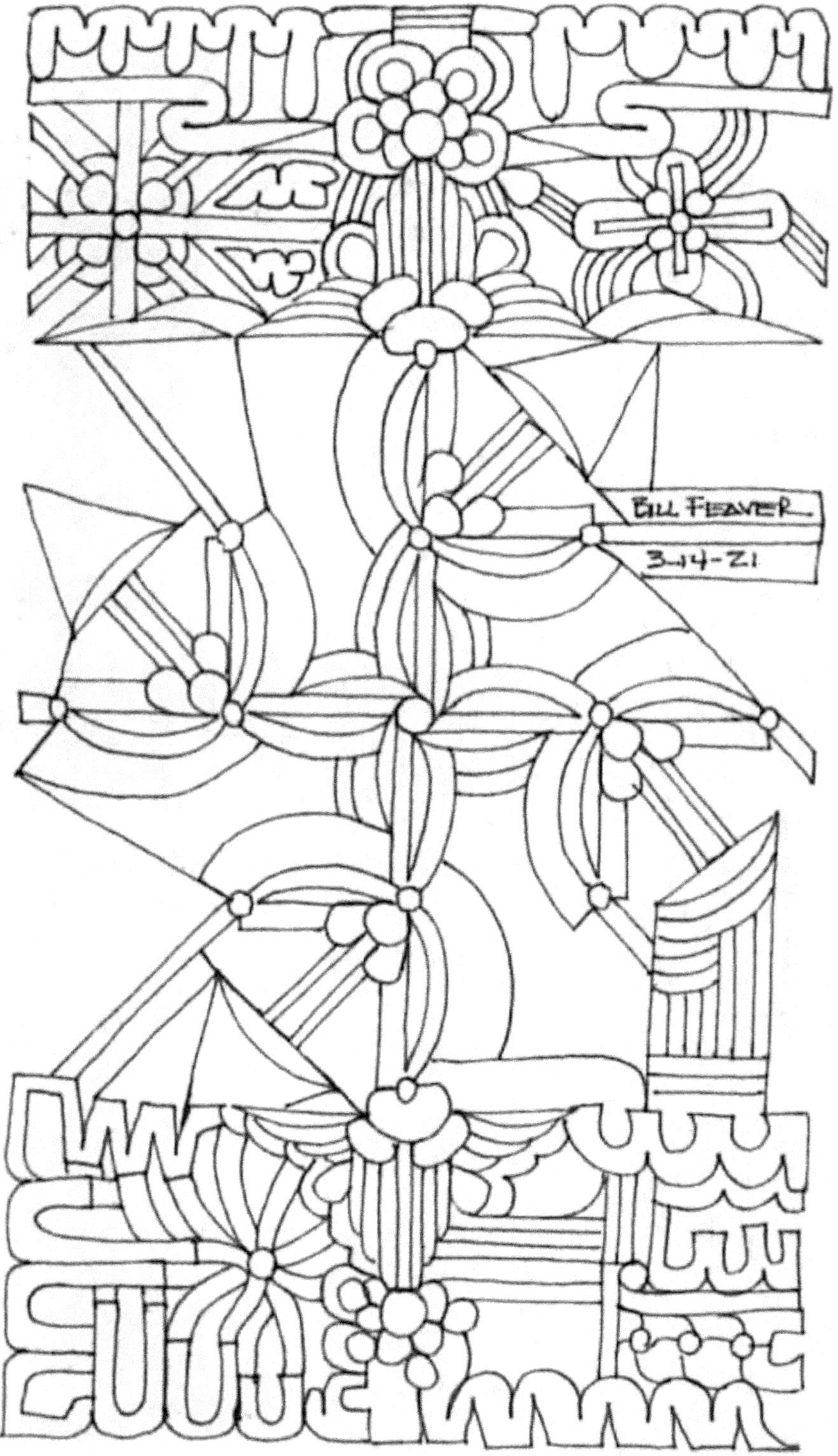
BILL FEAVER
3-14-21

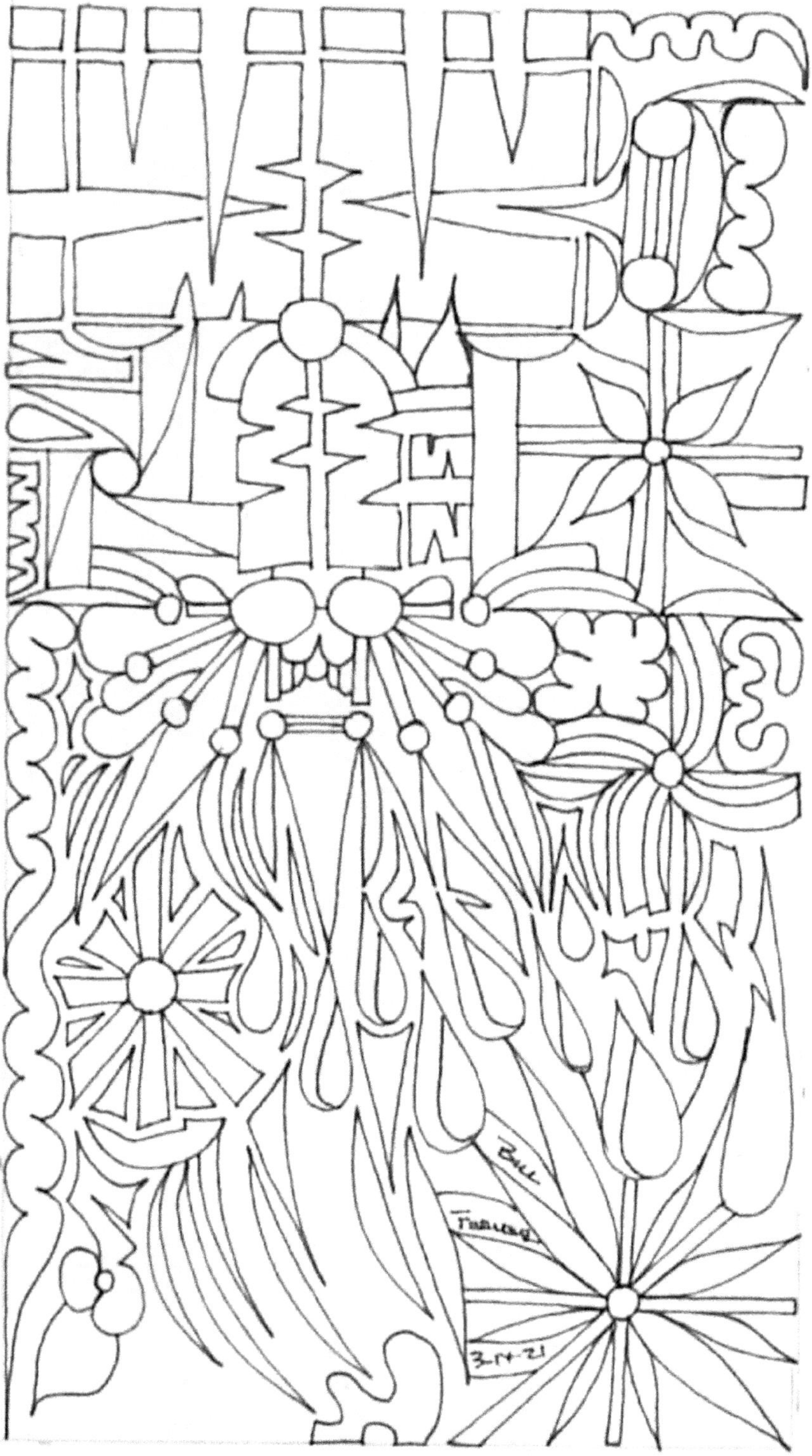
Bill
3-14-21

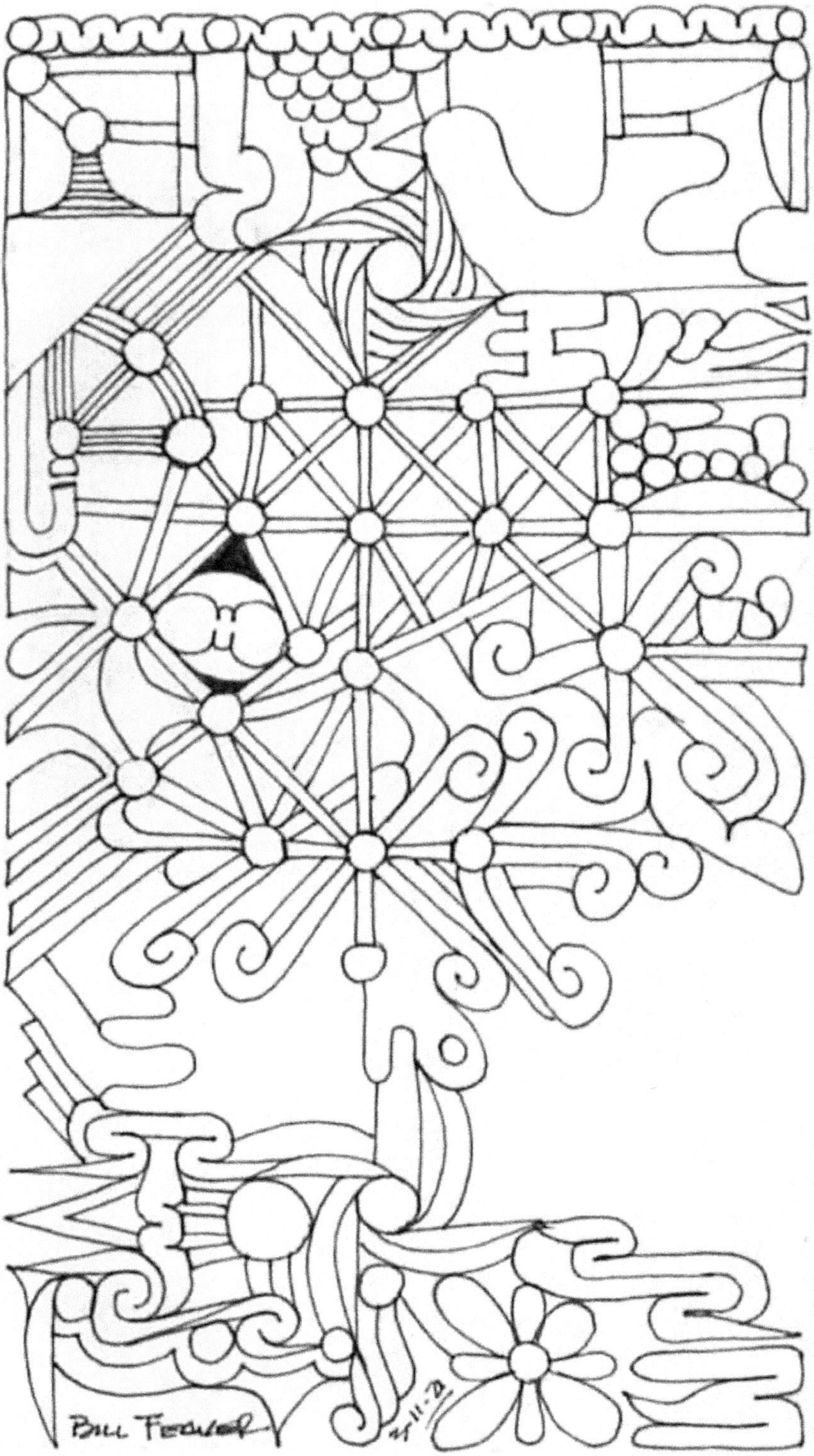
BILL

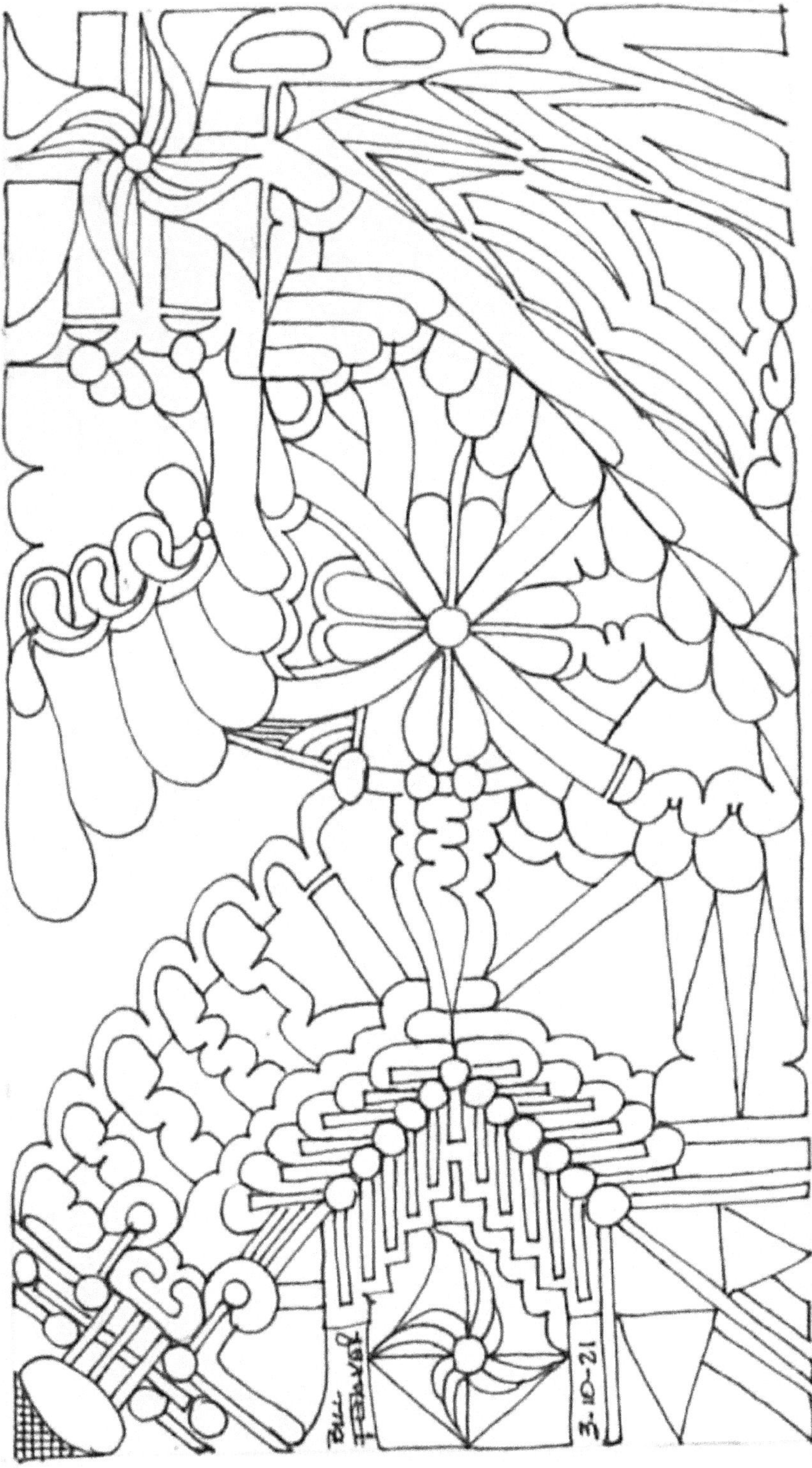

3-10-21

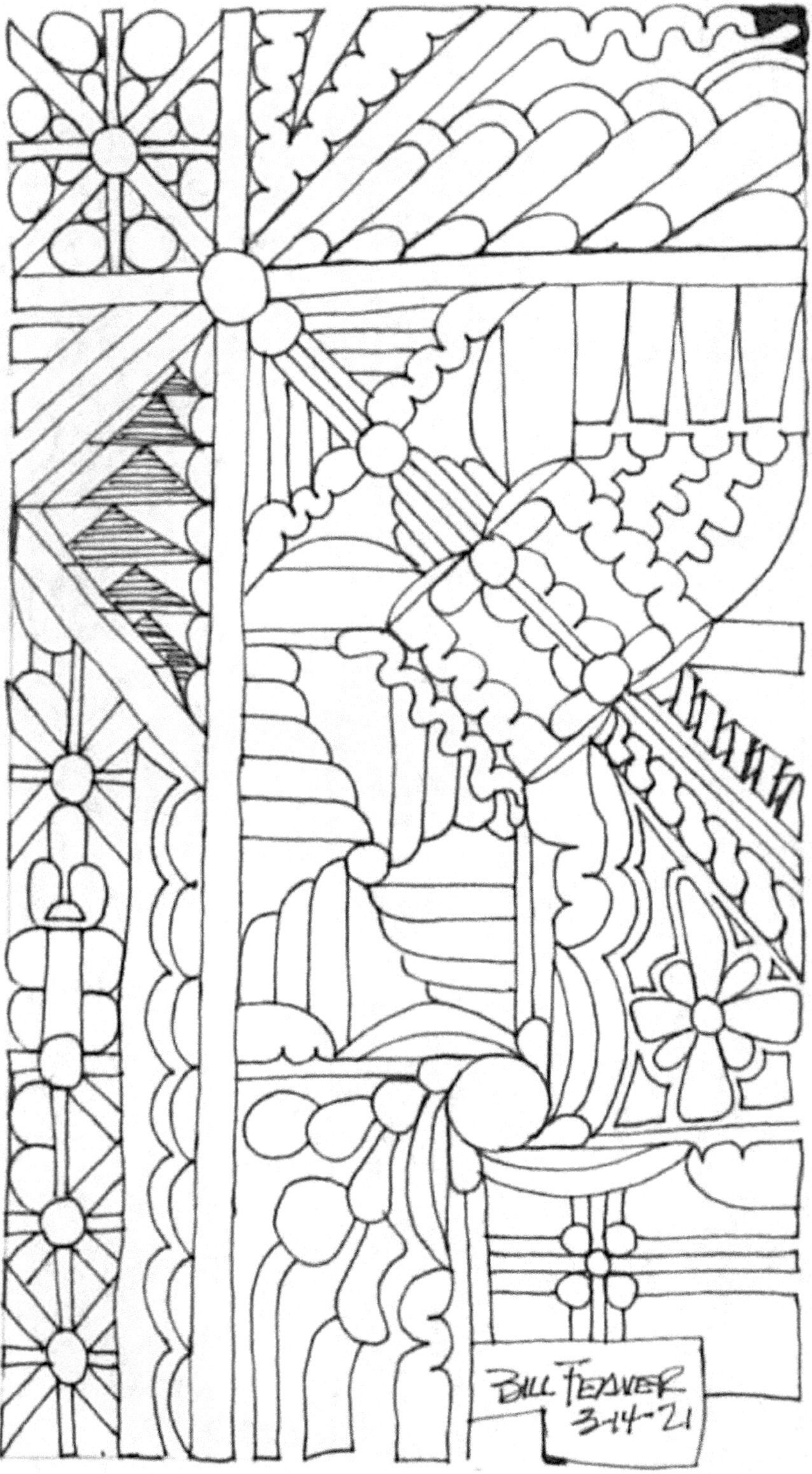
BILL TEAWER
3-14-21

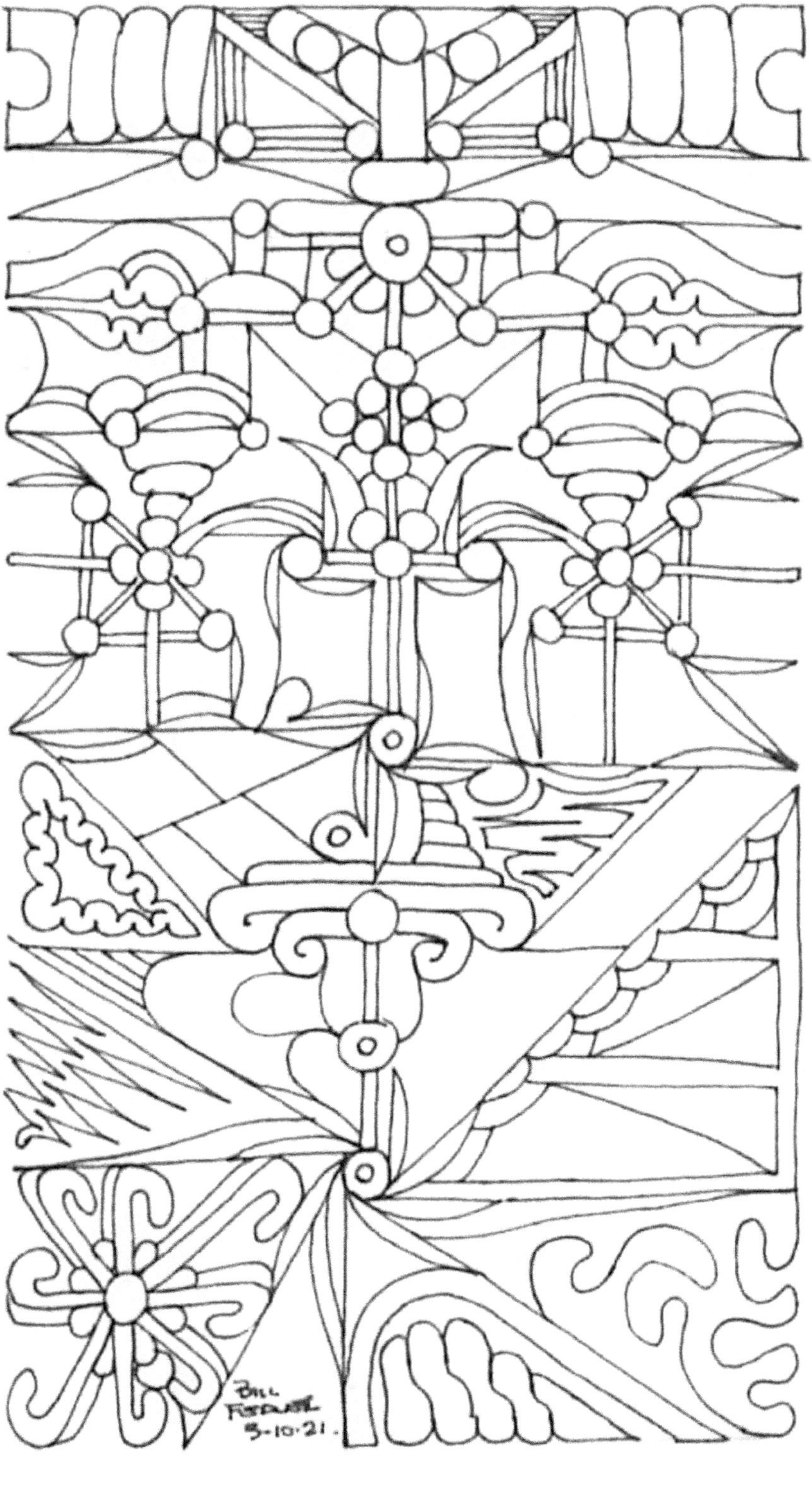
BILL
3-10-21.

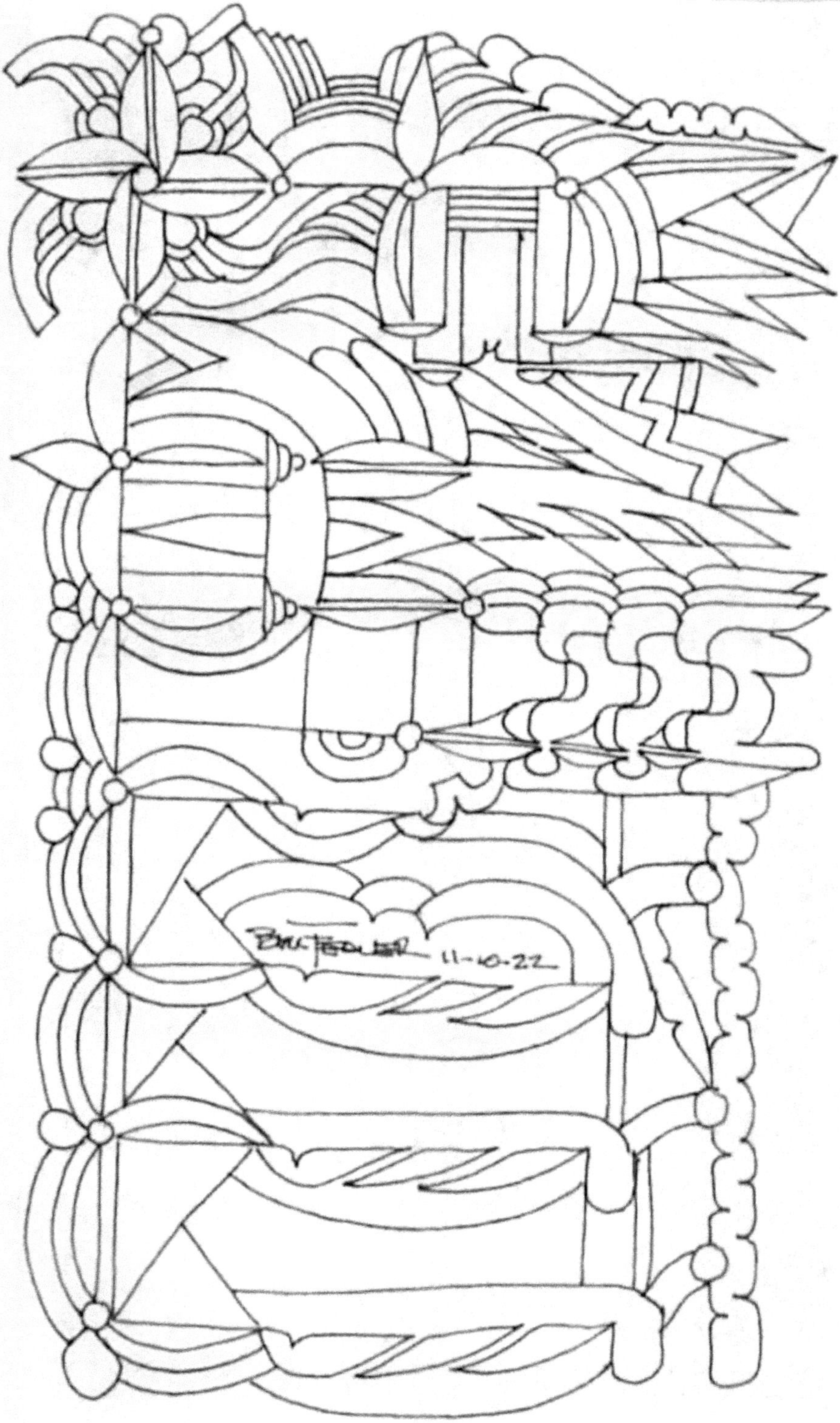
11-10-22

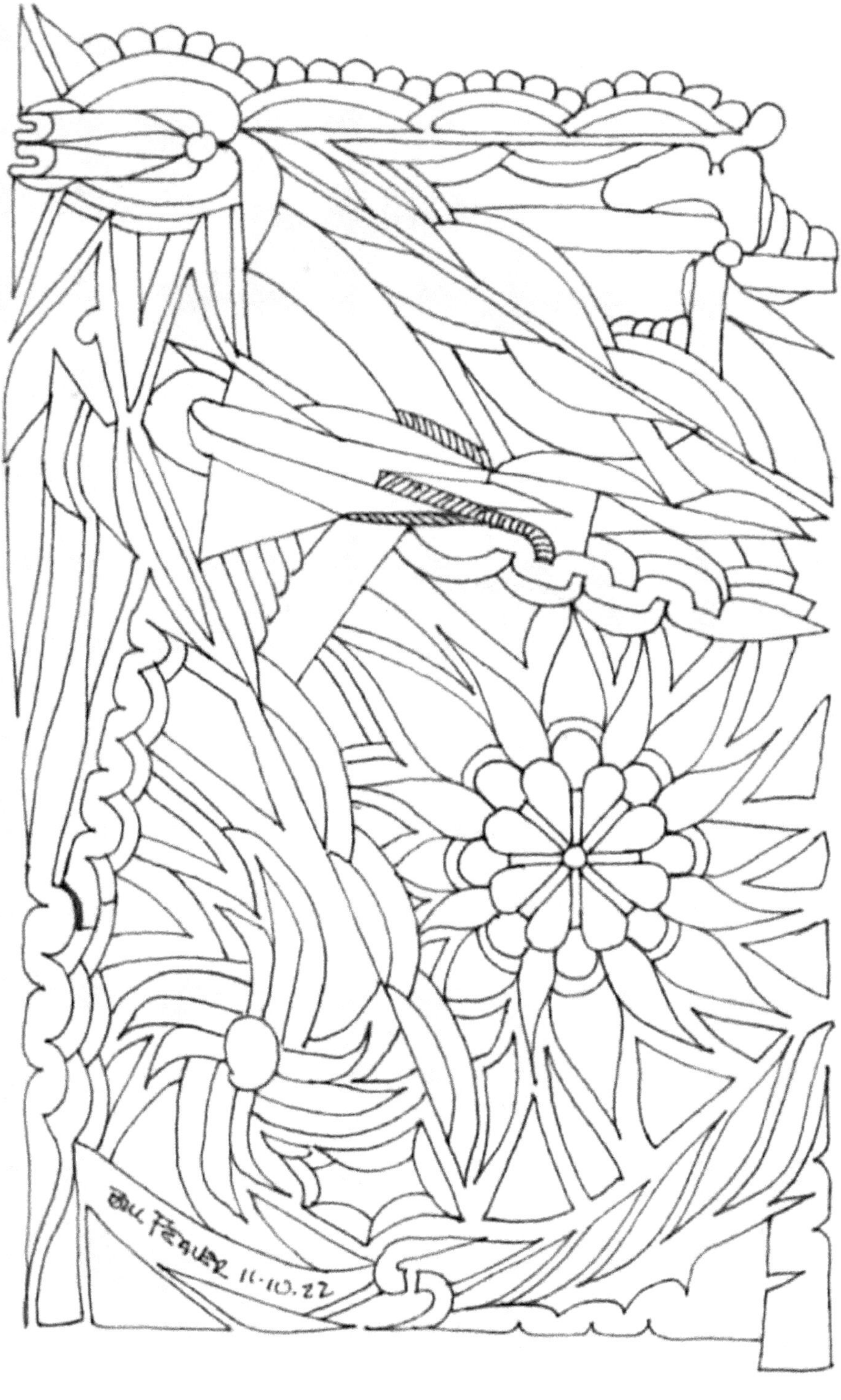

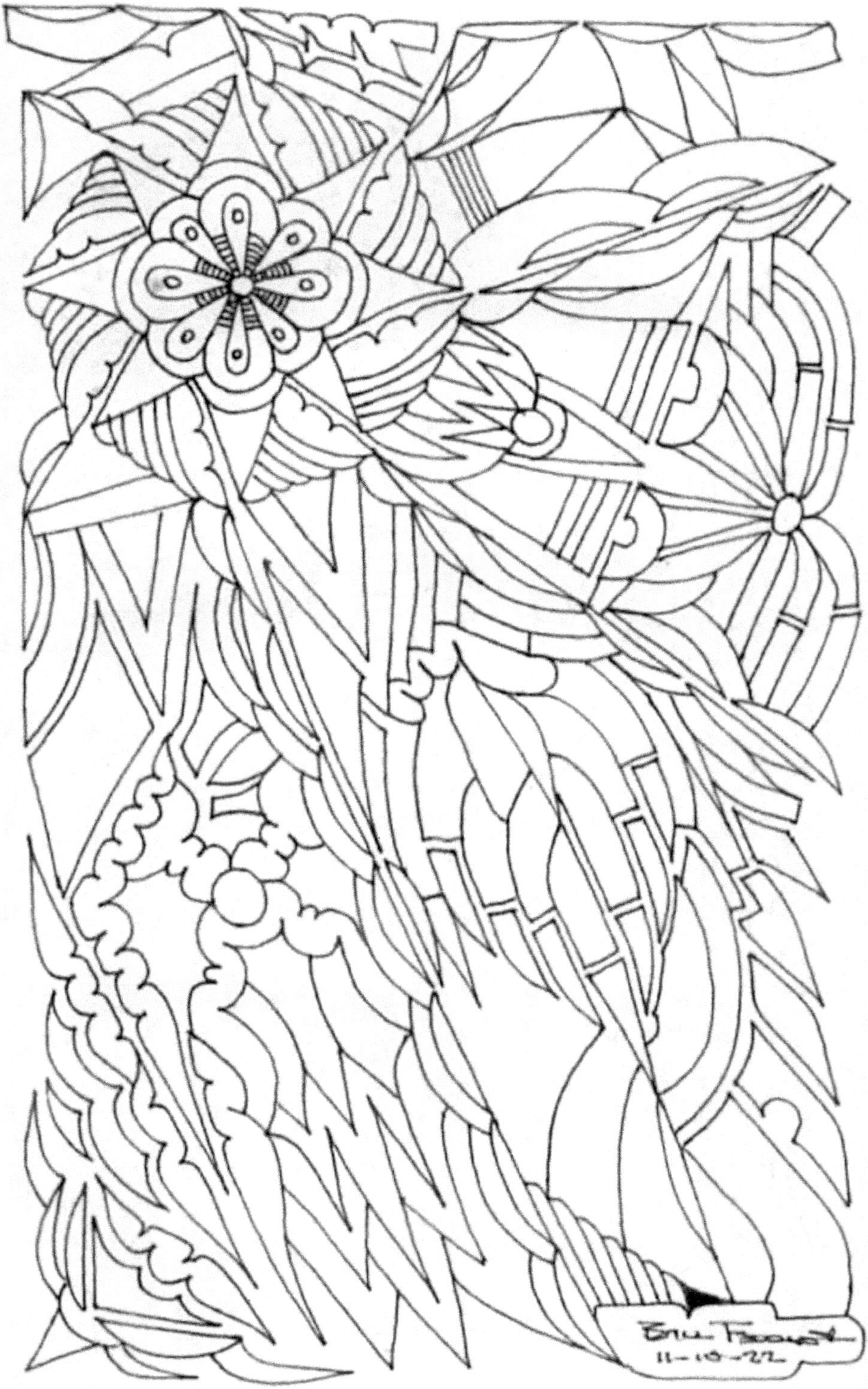
11-10-22

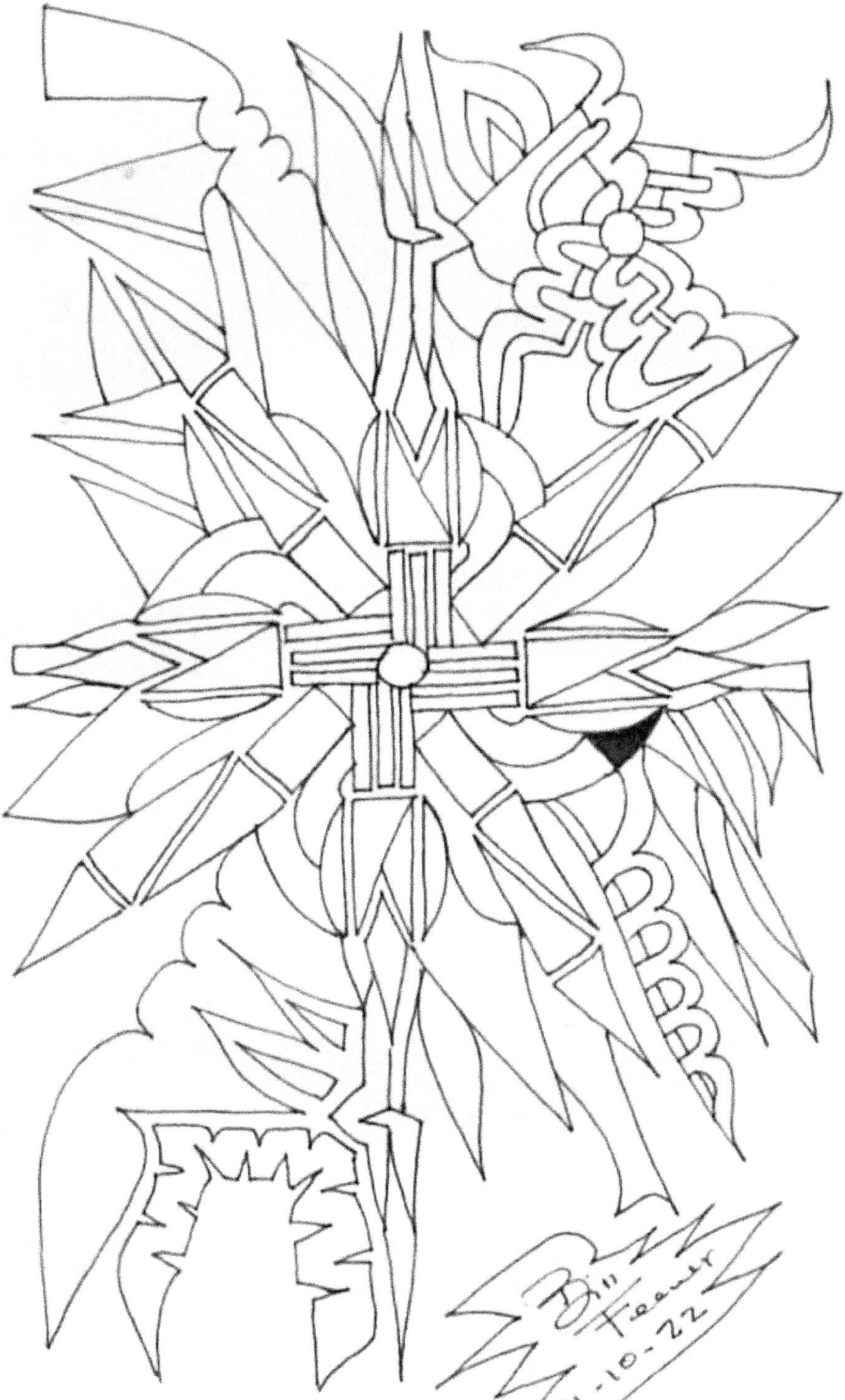
Bill
11-10-22

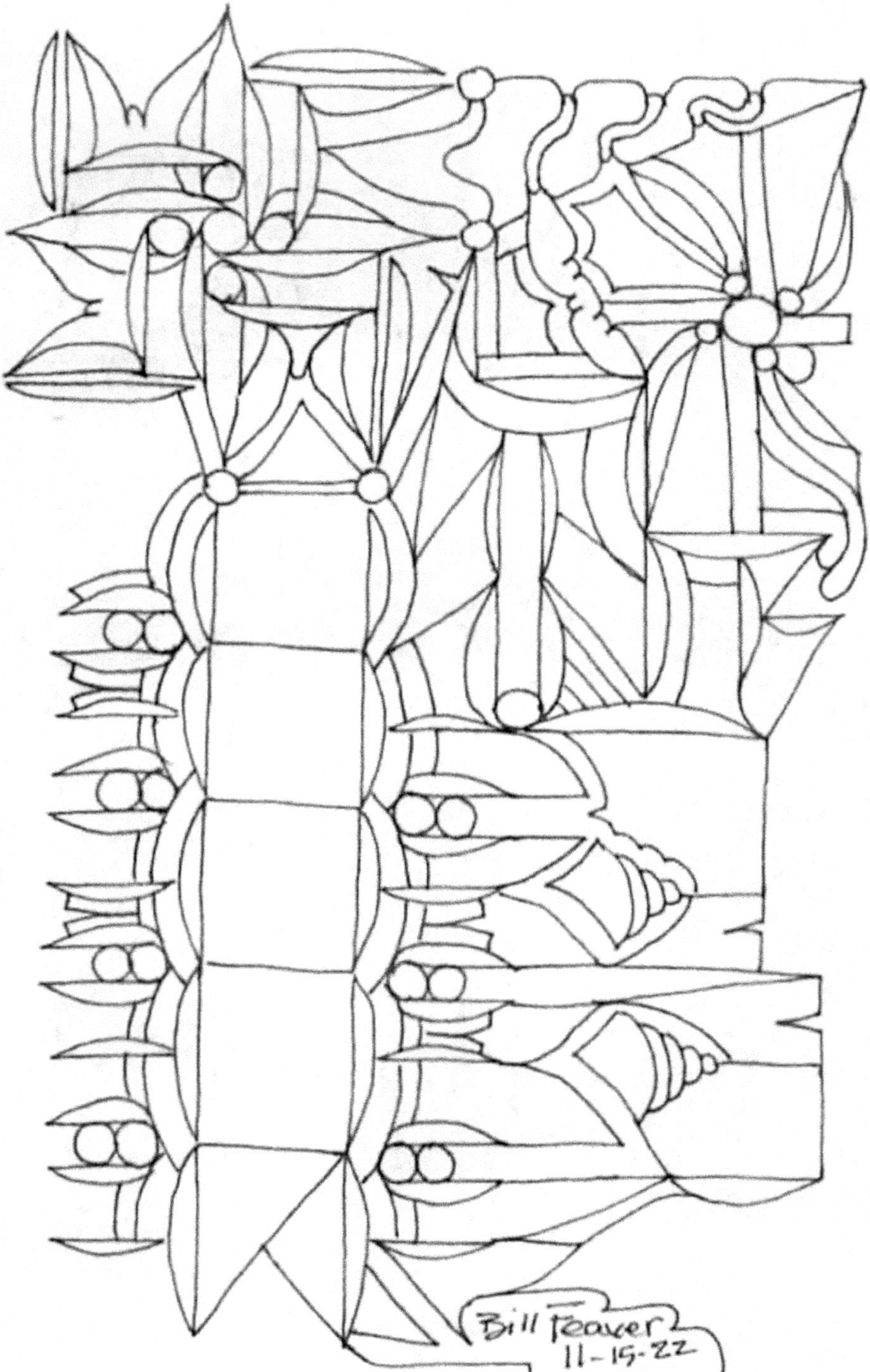
Bill Teaver
11-15-22

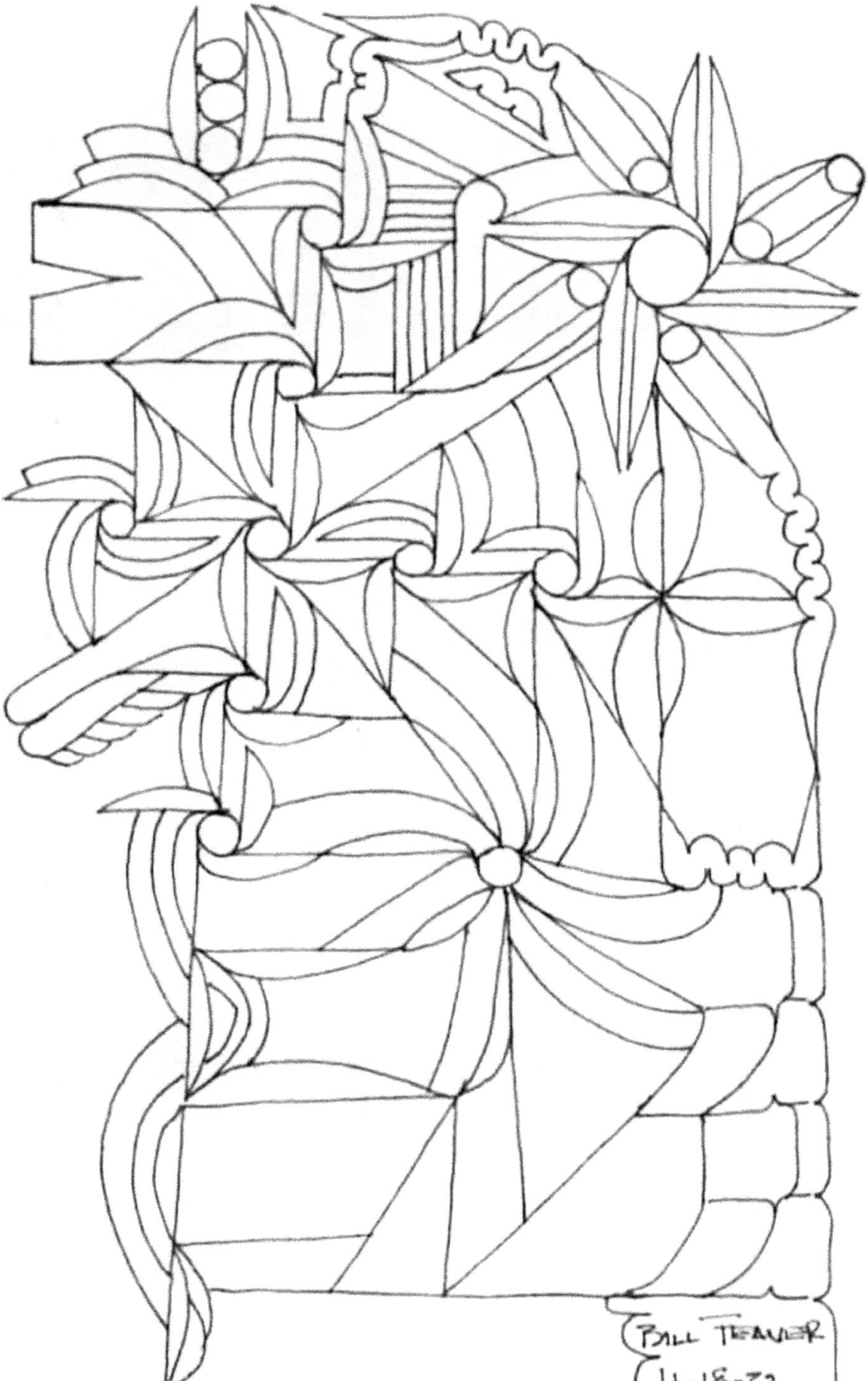

BILL TRAVER
11-18-22

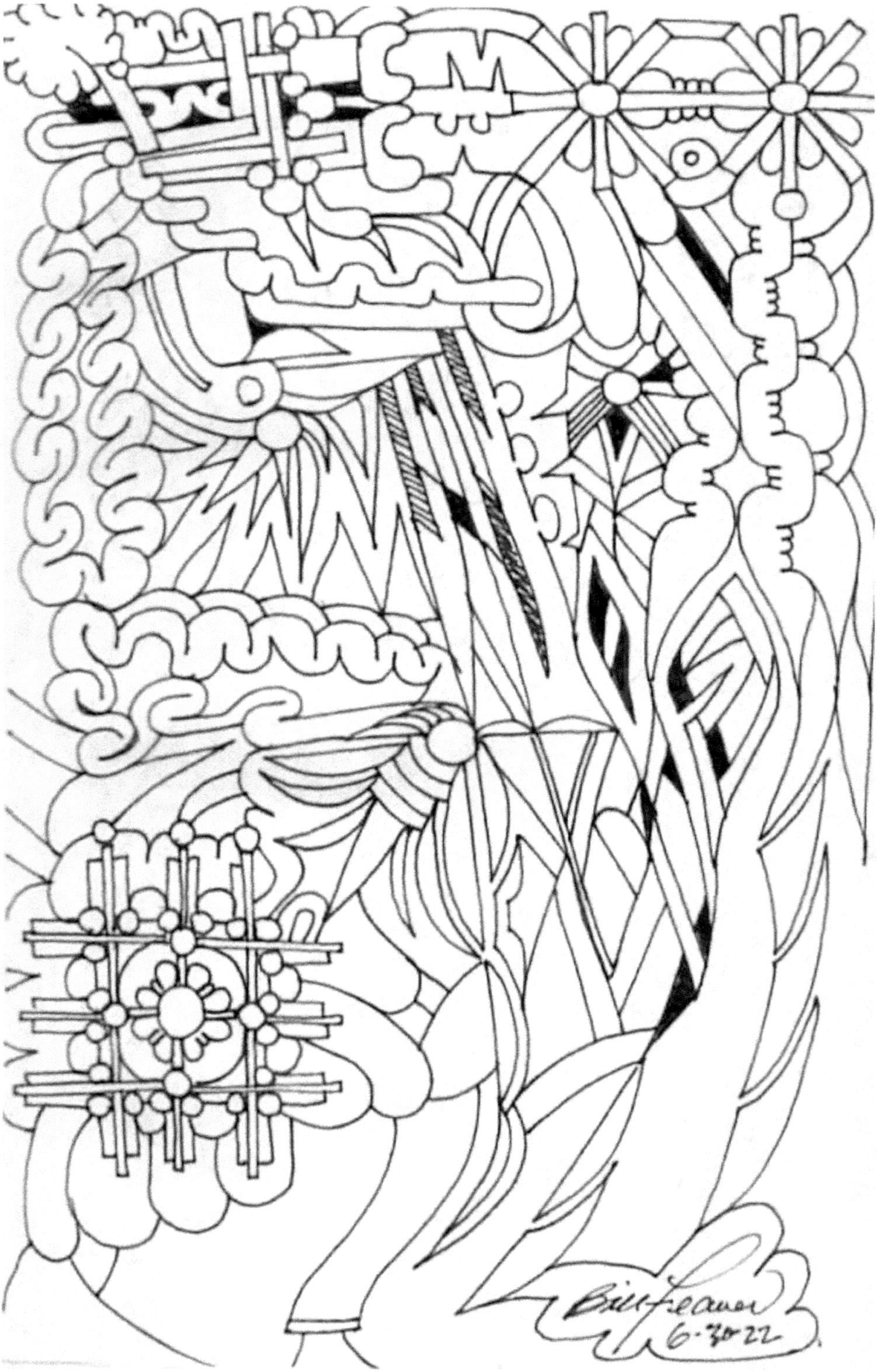

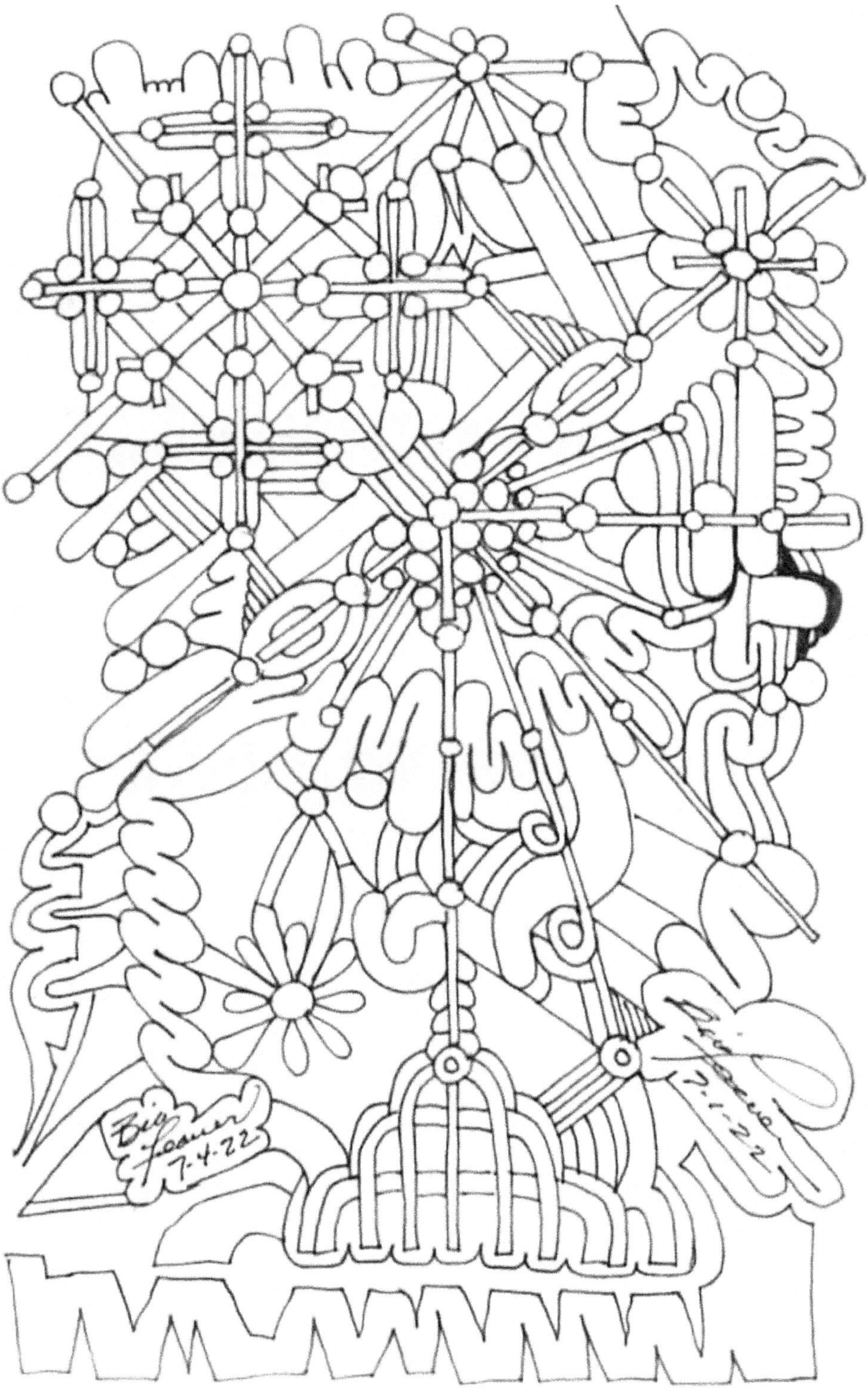
Big
7-4-22

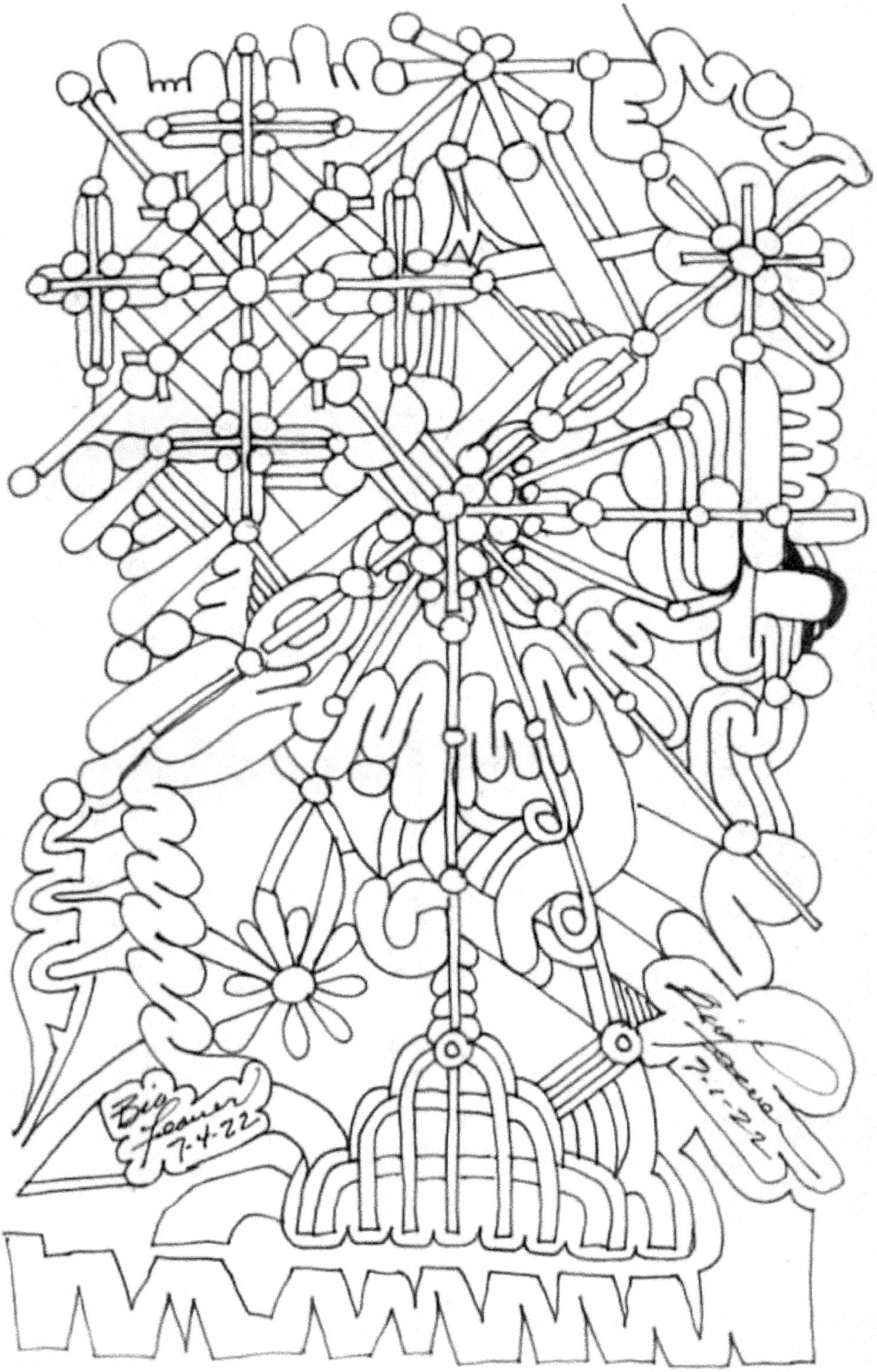
Big Flower
7-4-22
7-1-22

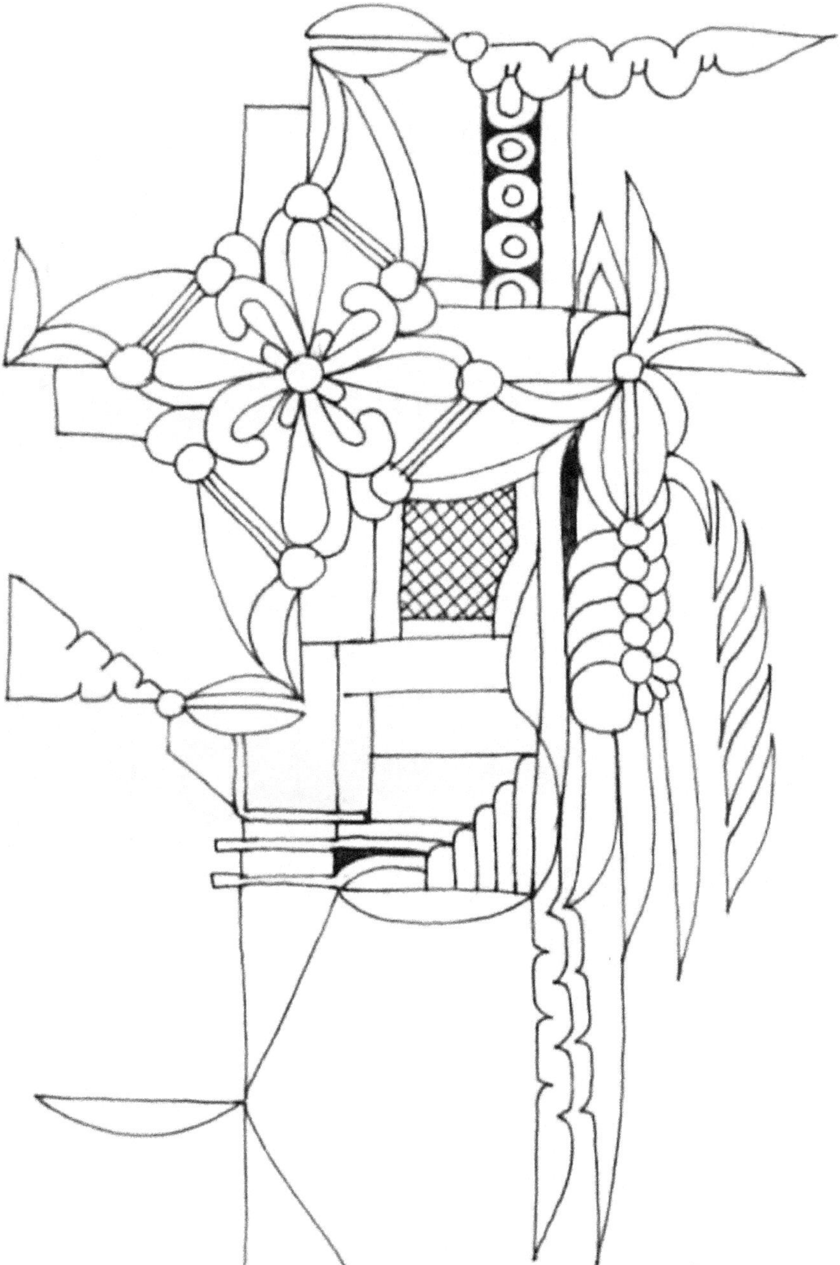
7-5-22

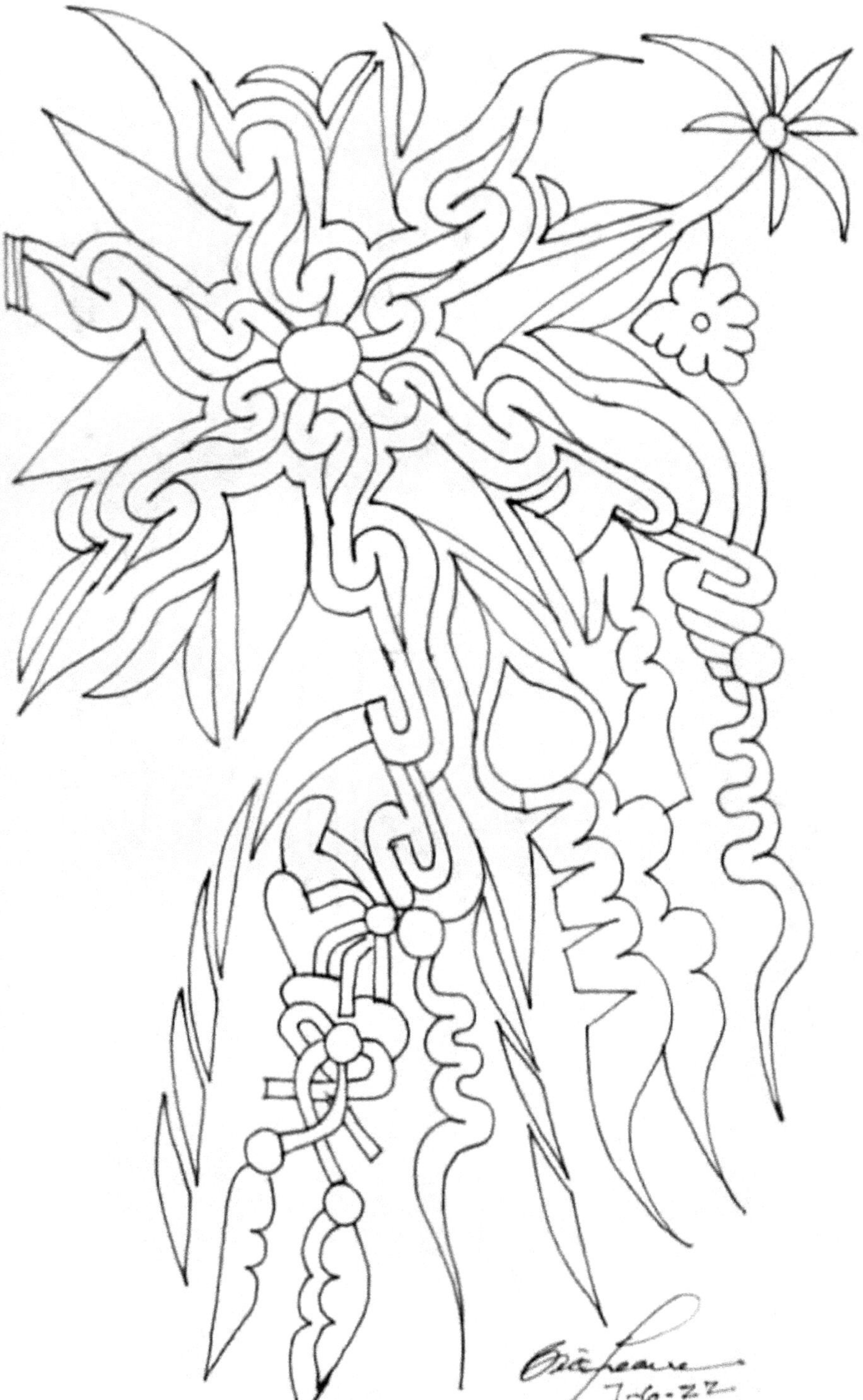
7-6-22

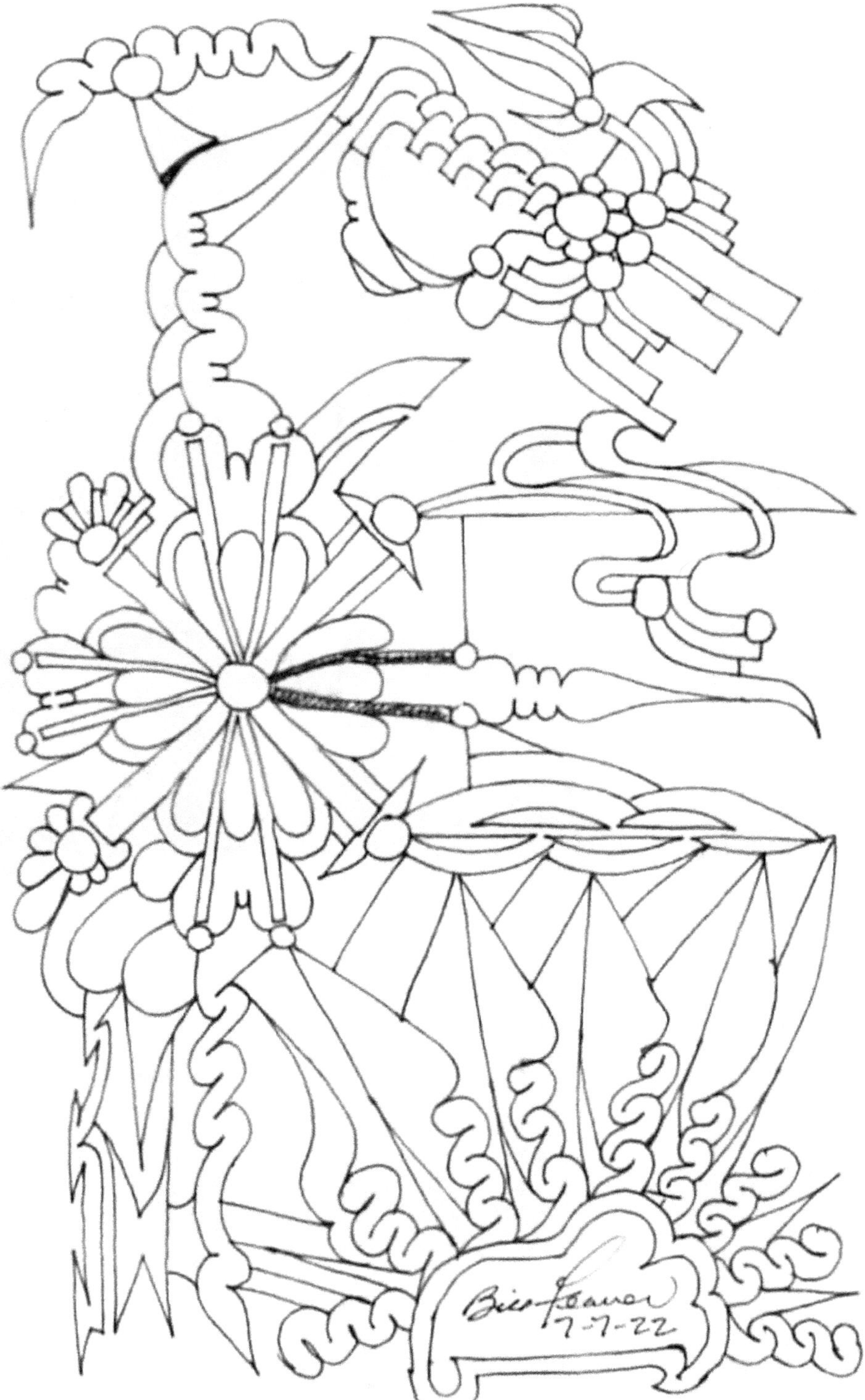
7-7-22

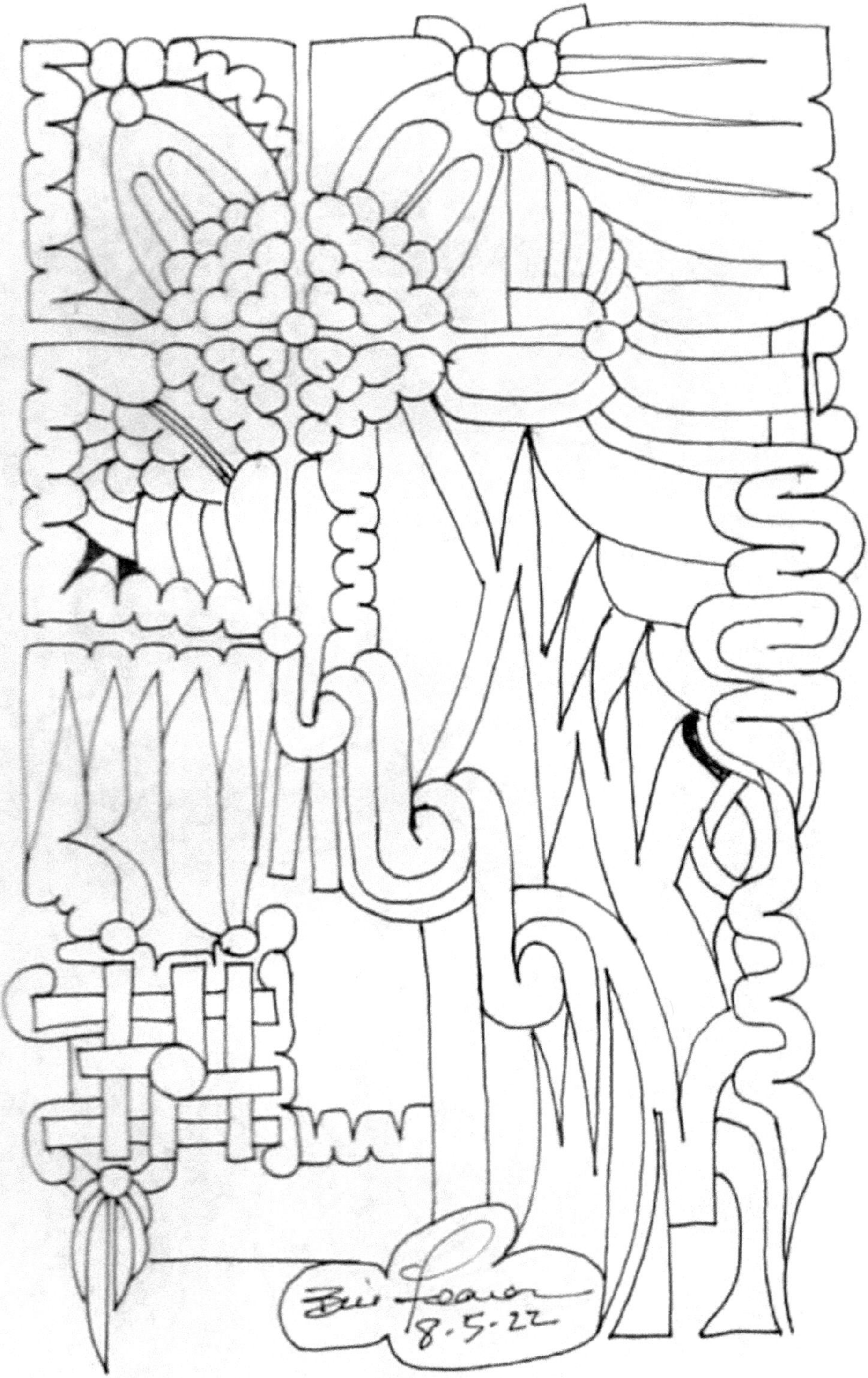
8-5-22

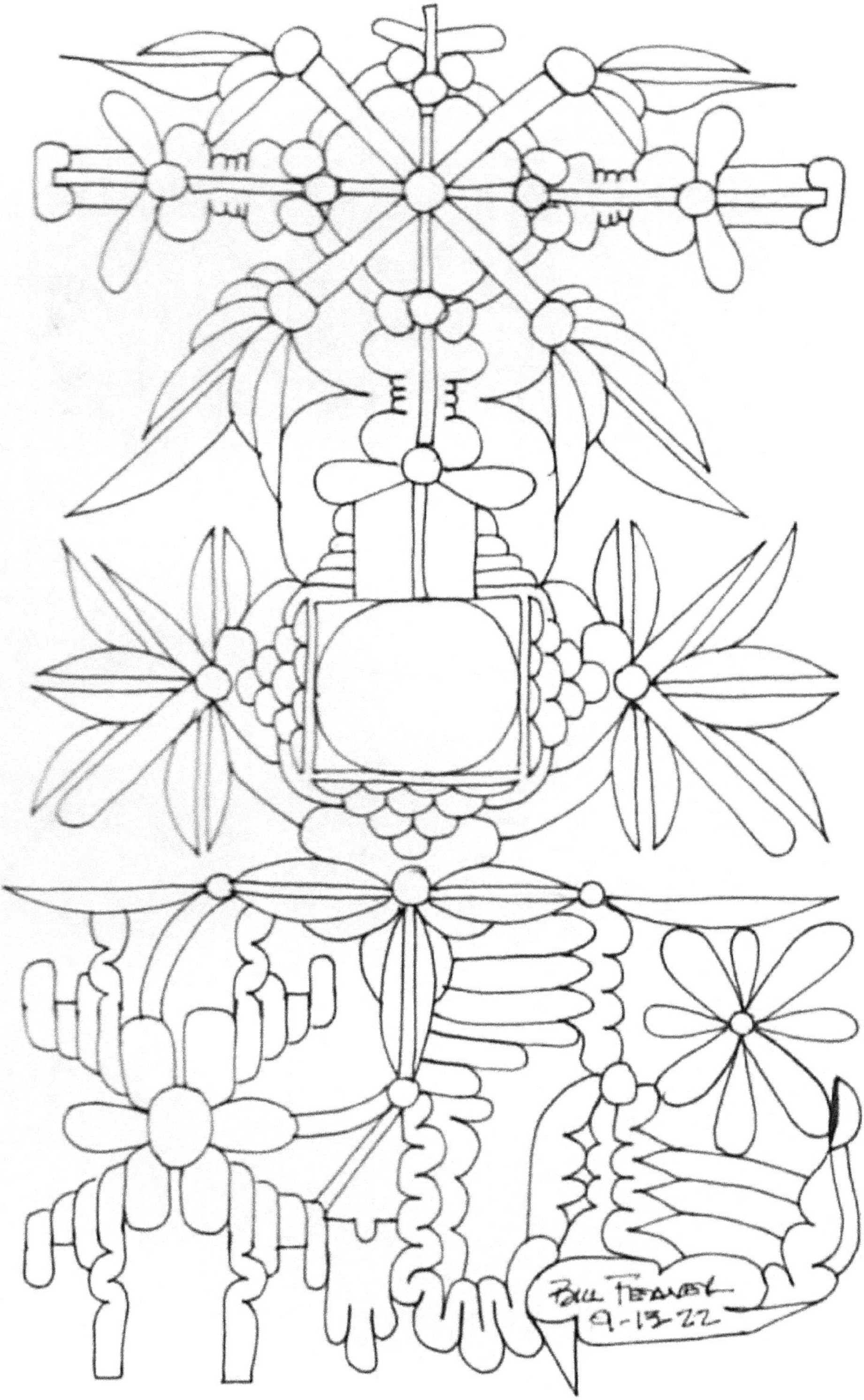
9-13-22

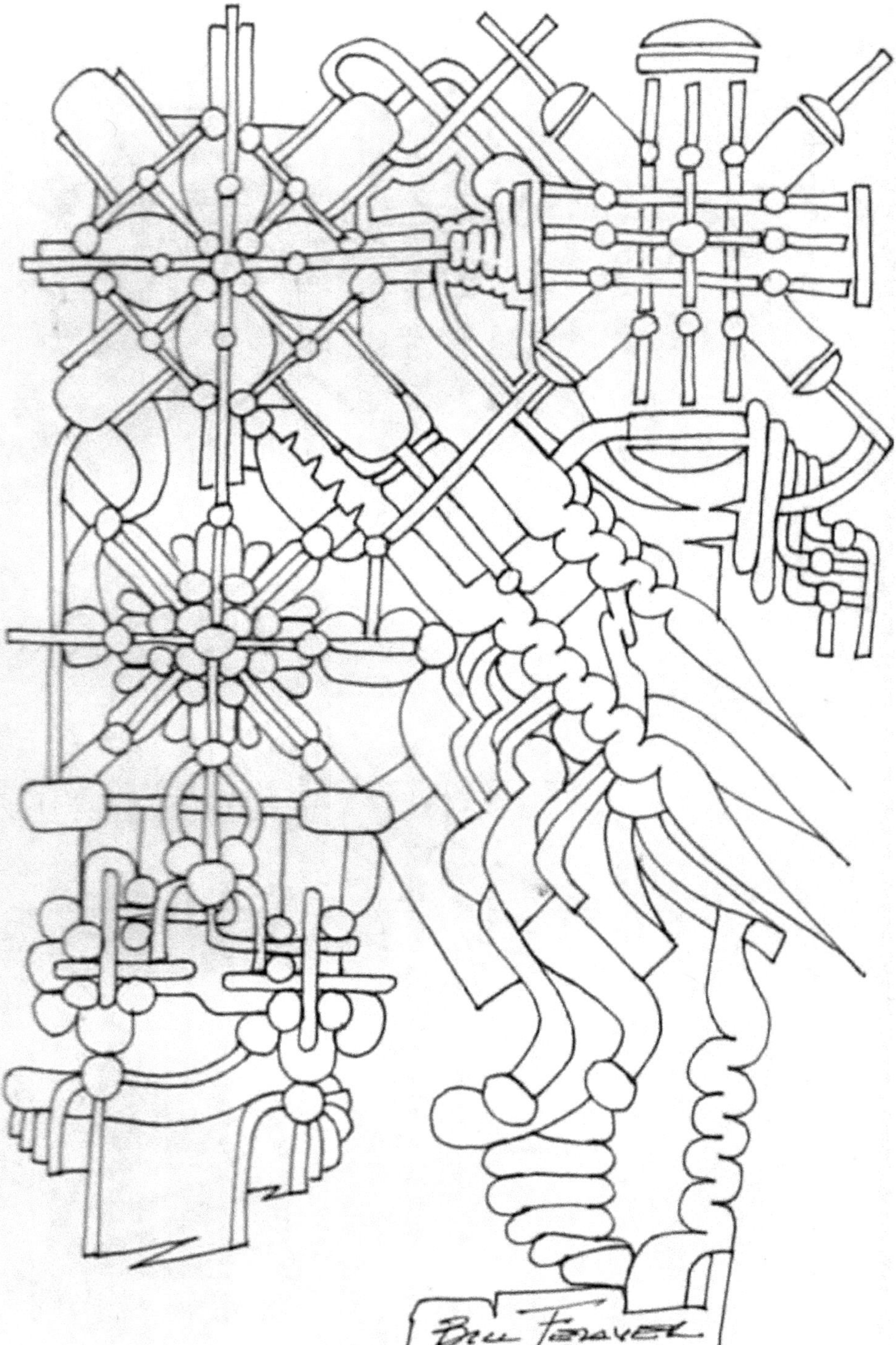
9-19-22

www.ingramcontent.com/pod-product-compliance
Lightning Source LLC
Chambersburg PA
CBHW070321220526
45465CB00013B/2147